AF358965

LES

Trente et une Manières

DE

MANGER LE LAPIN

PAR

A. DE LA RÜE

Ancien Inspecteur des forêts de la Couronne

PARIS

Imprimerie et Librairie administratives et des Chemins de fer

Paul DUPONT

41, RUE JEAN-JACQUES-ROUSSEAU, 41

—

1883

DE

MANGER LE LAPIN

De tous les animaux que nous rencontrons à la chasse, il n'y en a pas un seul qui soit aussi nuisible et peut-être aussi utile que le lapin.

Pour bien se rendre compte du mal dont le lapin est capable, il faut d'abord en connaître les mœurs, et surtout sa fécondité extraordinaire qui en fait le plus envahissant des hôtes de nos bois.

Le lapin est une puissance redoutable; je l'ai combattu pendant de longues années de ma vie de forestier; je ne suis jamais resté une seule fois complètement maître du terrain. Les habitants des îles Baléares, menacés de la famine par cet infatigable rongeur, ont appelé à leur secours une légion romaine qui a eu le dessous ; mais des milliers de chats seulement sont demeurés victorieux.

Lorsqu'on vient à Paris par le chemin de fer du Nord, non loin de la station de Creil, on remarque, en passant, un beau château Louis XV, récemment restauré. Le propriétaire, le baron de S..., grand amateur de chasse, avait accumulé dans son parc une si prodigieuse quantité de lapins que, le soir, les pelouses en étaient littéralement grises. Un beau jour, après une pluie torrentielle, les eaux envahirent tout à coup les cuisines en sous-sol ; les marmitons n'eurent que le temps de monter au rez-de-chaussée. Les lapins qui avaient perforé les fondations dans tous les sens, étaient la cause de cette subite inondation. L'édifice menaçant de s'écrouler, on fut obligé de reprendre les fondations en sous-œuvre.

Si vous alliez chasser dans l'Oise, dans Seine-et-Marne et Seine-et-Oise qui sont les trois départements de France où le lapin, de longue date, s'est le plus solidement établi, vous seriez frappé de la quantité incalculable de grillages en fil de fer, de clôtures de toutes sortes qui entourent partout les champs et les bois. Sans ces mesures de précaution, récoltes, plantations, arbres et fleurs, tout disparaîtrait sous la dent du lapin. Mais on tomberait dans une grave erreur en se

ligurant qu'au moyen de ces palis, de ces forti-
fications, on est parvenu à conjurer le mal, à se
mettre à l'abri de tout danger; malheureusement
ce ne sont que des palliatifs insuffisants ordonnés
cependant par les plus simples règles de la
prudence. Jeannot lapin qui, comme Gusman,
ne connaît pas d'obstacles, sans beaucoup d'efforts
d'imagination, a su déjouer et rendre à peu près
inutiles tous les efforts de ses ennemis. Pour cela,
mettant à profit la négligence des gardes,
l'inexpérience et le peu de savoir de leurs maîtres,
il en a été quitte pour faire appel à la vigueur de
ses jarrets pour escalader les grillages, ou pour
passer dessous en y pratiquant un trou avec ses
griffes ironiques.

Ce qu'il y a de plus piquant dans cette affaire,
c'est que le lapin qu'on a voulu astreindre à aller
chercher sa vie partout où il n'y avait rien à
manger, et dont la destruction, par ce procédé
prussien, devait être rendue plus facile, est dans ce
moment plantureusement installé dans ces mêmes
champs de blé, dans ces mêmes jeunes taillis
dont on avait la prétention de lui interdire l'entrée,
où il peut, en toute quiétude, vivre dans l'abon-
dance, croître et multiplier bien à son aise.

Je prie ceux qui m'accusent d'exagération de
visiter les forêts de Rambouillet, de Senart, de
Saint-Germain-en-Laye, aussi bien que tous les
bois des environs de Paris, je parie six râbles

de lapereaux en papillotes qu'ils reviendront convaincus et affirmeront que ce qu'on vient de lire est de la plus scrupuleuse exactitude.

Et les procès et les brouilles dont il est la cause entre propriétaires et fermiers, agronomes et silviculteurs ! On n'en connaît pas le nombre ; ce ne sont pas des heures, mais des semaines entières qu'il faudrait dépenser pour consulter à fond son casier judiciaire, plus chargé certainement que celui de nos plus célèbres braconniers.

Mais je n'en finirais pas si je me mettais à énumérer tous les méfaits du lapin ; je lui ai consacré tout un volume, j'en recommande humblement la lecture aux amateurs de livres utiles.

Un économiste à manchettes de dentelles me disait l'autre jour : « Puisque les lapins font tant de mal, puisqu'il paraît démontré qu'ils peuvent, selon vous, compromettre nos intérêts, pourquoi ne pas les détruire, pourquoi donc en conserver un seul ? Nous avons des louvetiers qui ont mission de détruire les loups, pourquoi n'aurions-nous pas des lapineurs à brevet chargés de faire une guerre d'extermination aux lapins ? »

On devine aisément qu'une pareille idée n'est pas sortie du cerveau d'un disciple de saint Hubert.

Détruire jusqu'au dernier des lapins, grand Dieu ! Et nos chasses aux bassets, au furet, à gueules ouvertes, en battue, à la surprise et à la bourse ! Et les charmes si grands d'une chasse aux lapins qu'on ne tire jamais deux fois de la même manière, avec un bon épagneul, dans de jeunes taillis, où comme entrefilet, il vous part un chevreuil, une bécasse ou un faisan ! Et puis, est-ce que la vie à la campagne serait supportable si nous n'avions plus un seul lapin ? Mais ce serait à y mourir d'ennui !....

En présentant tout d'abord le lapin sous son côté désavantageux, un vieux chasseur comme moi ne saurait être soupçonné d'ailleurs d'avoir voulu uniquement soulever contre lui les haines, la vengeance et l'animadversion publique. Le procédé eût été indigne. La vérité est que j'ai tout simplement parlé de ses défauts pour mettre ses nombreuses qualités plus en lumière. Dans quelle galerie trouverez vous un bon tableau sans ombres ?

Cela dit, nous allons maintenant faire connaître et apprécier les trésors gastronomiques que le lapin offre avec profusion à quiconque sait lui ouvrir une casserole hospitalière, un moule à pâté intelligent.

Je m'adresse tout particulièrement à nos plus gracieuses maîtresses de maison, à celles seulement qui, sans préjugés, ne craignent pas de roussir leurs dentelles en jetant un coup d'œil dans leur cuisine et de se brûler les doigts en soulevant le couvercle du pot au feu. A nos yeux, toute femme qui ne s'acquitte pas de ce devoir, n'est point une femme ; ce n'est qu'une dépense personnifiée, un meuble..... nécessaire, tout au plus bon à recevoir les notes et les mémoires à payer.

Ce trait lancé, et, ne pouvant guère réhabiliter qu'ici le lapin dans les esprits défavorablement prévenus par ma faute, désormais pour réparer le mal que je lui ai fait, on ne trouvera plus dans mes procédés et dans mes paroles que l'onctueux du consommé le plus parfait, que le velours et le savoureux dont Carême et Grimod de la Reynière avaient la recette.

Le lapin a des ennemis déclarés ; on le méprise généralement sur le glacé brillant des nappes damassées. Heureusement qu'il compte de nombreux amis sur les dalles de nos cuisines. Après tout, pourquoi n'aurait-il pas ses détracteurs ! Est-ce que la vaccine, qui a préservé l'humanité du plus horrible fléau, n'a pas eu et n'a pas encore les siens ?

Avec la routine et l'esprit de prévention qui nous caractérisent, c'est assurément une tâche difficile et ardue que de vouloir ramener les estomacs hostiles à des appréciations plus équitables.

Mais, animé du désir d'être utile aux digestions pénibles, au risque d'être taxé de présomption, j'ose prédire qu'après une lecture attentive de cet opuscule, le lapin n'aura plus que des partisans convaincus et qui ne parleront plus de lui que l'eau à la bouche. Différent des missionnaires qui convertissent les anthropophages et les empêchent de dévorer les hommes, vous allez voir que je vais être obligé de modérer l'appétit de mes adeptes qui ne voudront plus manger que du lapin.

Je donnerais une fois de plus, l'œil unique de M. Gambetta, pour savoir de quel côté sera la reconnaissance.

En attendant, on ne saurait le nier, le lapin apporte une large part à l'alimentation publique et, notamment, à celle de la capitale; sa chair est excellente et délicate, et, quoiqu'on pense, il y a peu d'animaux qui en fournissent d'aussi saine, vu qu'elle contient une quantité considérable d'osmazôme ou principe nutritif de la fibrine, qui constitue, comme on sait, les meilleures propriétés de la chair des animaux. Ne serait-ce qu'à cause de cela, le lapin déjà aurait droit, il semble, à tout notre intérêt. Quant à moi, si j'étais médecin, je n'hésiterais pas un seul instant à ordonner des filets de lapereau à mes malades, pour faire diversion aux fadeurs inévitables des blancs de poulet dont on se fatigue si vite.

Croira-t-on que j'ai préféré toute ma vie un con-sommé bien fait avec deux vieux lapins, au bouillon de coq que Brillat-Savarin appelle un magister, et qu'il recommande aux jeunes mariés ? Je ne connais qu'une seule viande dont on ne se lasse jamais, c'est celle du lapin à laquelle on s'habitue très vite et dont bientôt on ne peut plus se passer. Consultez tous les forestiers des anciennes forêts royales; tous, sans exception, seront de mon avis.

Toutefois, je vous préviens que ce phénomène ne se produira pas si vous achetez au hasard vos lapins; car pour éviter la satiété et le dégoût, il faut absolument connaître leur origine, le jour où ils ont été tués, par quel procédé et par quelle température, le sol qui les a nourris, et, par-dessus le marché, posséder à fond l'art de s'en servir. L'art de s'en servir ! tout est là. Avec toutes ces conditions, il faut encore, pour manger de bons, lapins mettre de l'ordre dans son garde-manger: les lapins, quand on en a beaucoup, doivent être rangés, étiquetés de manière à s'y reconnaître, autrement on serait exposé à manger rôti le vieux bouquin qui ne convenait qu'au pot-au-feu. Enfin, à ces mesures de précaution, la cuisinière d'un chasseur qui ne saurait pas ajouter l'art de distin-guer un lapereau d'un lapin adulte, serait journel-lement exposée à commettre les méprises les plus regrettables, méprises qu'il faut éviter autant dans

votre propre intérêt que dans celui de vos amis.
A cet effet, n'oubliez donc pas que le prétendu petit
osselet des pattes de devant, qui ressemble à un
grain de plomb n° 6, est une indication trop incer-
taine pour reconnaître sûrement l'âge du lapin, et
que la méthode de nos pères qui consiste à s'assurer de l'état de résistance plus ou moins grande
des oreilles, est bien préférable et plus sûre : se
laissent-elles déchirer facilement, c'est un lapereau
que vous avez entre les mains ; sont-elles coriaces,
parcheminées et dures, il n'y a pas à en douter,
vous tenez un vieux lapin qui savait plus d'un
tour, qui a mis cent fois vos bassets en défaut.

Maintenant, sans plus de préambule, ceignons le
tablier, et allumons nos fourneaux.

LAPEREAUX EN CAISSE

Même les mangeurs vulgaires sont d'accord sur
ce point incontestable que la finesse du gibier est
bien supérieure aux viandes roturières de la boucherie. Mais il n'y a que les véritables gourmets
qui reconnaissent que le lapereau l'emporte sur
les pièces de fumet les plus distinguées. Toutefois,
le lapereau, comme la fleur de l'adolescence, n'a
qu'un règne court et passager ; il faut le choisir à
ce moment précis où, sorti de la rabouillère, il
n'est pourtant pas encore fait. Lorsque vous en

aurez à ce point exact de jeunesse et de maturité, mettez-les en caisse. Pour cela :

Dépouillez et videz vos lapereaux ; passez-les avec un morceau de beurre *bien frais*, persil, échalottes, champignons, le tout haché bien menu, assaisonnez de sel, poivre et muscade. Quand vos lapereaux seront presque cuits, laissez-les refroidir. Ayez trois caisses ou une seule, selon le nombre des lapereaux ; mettez-les en caisse ; imbibez bien ces caisses avec de l'huile ; appliquez sur les lapereaux, des bandes de lard très minces, pour qu'ils ne se desséchent pas dans l'achèvement de leur cuisson, et faites-les cuire à petit feu sous un four de campagne. Lorsqu'ils sont cuits, dégraissez-les bien. Prenez la moitié des fines herbes avec lesquelles vous les avez passés ; délayez bien ces herbes avec une cuillerée de jus ou de bon bouillon ; versez bien chaud sur vos lapereaux en y ajoutant un jus d'orange acide ou de citron ; je préfère l'orange à dix centimes.

Cette recette aristocratique a obtenu d'unanimes suffrages aux dîners mensuels de la *Chasse Illustrée*.

HATELETS DE LAPIN A LA VILLEFERMOY

Levez les parties les plus charnues d'un ou de plusieurs bons lapins. — les filets et les cuisses. — Coupez-les en rondelles ou bouchées de l'épaisseur du petit doigt ; on peut les aplatir un peu. Prenez une brochette en bois de la grosseur d'un tuyau de plume et d'environ 25 centimètres de long, si vous n'avez pas de brochette en argent, enfilez, par le milieu, un morceau de lapin, après une rondelle de lard mince et *bien frais*, suivie d'un autre morceau de lapin puis de lard en alternant ainsi le lard et la viande, jusqu'à ce que la brochette soit garnie sur une longueur de 20 centimètres.

Assaisonnez un ou deux œufs avec sel, poivre, fines herbes et quelques champignons hachés le plus menu possible ; battez le tout, comme pour faire une omelette ; trempez-y votre brochette : lorsqu'elle est bien enduite, roulez-la dans de la mie de pain à panure jusqu'à ce que la brochette ait à peu près la forme d'une andouillette. Cela fait, beurrez bien une feuille de papier pour en envelopper vos brochettes et mettez sur le gril. Servez très chaud.

Lorsque je fis offrir, pour la première fois, des hatelets de lapin à quatre convives d'élite, Albert L.... et sa charmante femme, Paul Dup... et son excellent ami Henri P..... ils nous furent

servis sous le nom de *"Hatelets à la Villefermoy"*.
Je racontai modestement que tout le mérite de
l'invention revenait de droit aux Arabes que j'ai
vu maintes et maintes fois faire cuire des brochettes de rognons découpés où la graisse de
mouton remplaçait le lard interdit aux sectateurs
de Mahomet.

— Vos hatelets, se mit à me dire gracieusement
Mme Albert, sont parfaits ; c'est une perle de plus
que vous avez ajoutée à l'écrin déjà si riche de
la cuisine française. Seulement à cause de leur
origine, je propose de les appeler, à l'avenir :
Hatelets à la Krumir.

THON MARINÉ AU LAPIN

On dit du thon qu'il n'est ni chair ni poisson :
aussi les pêcheurs l'ont-ils nommé le veau des
chartreux. Je crois qu'on pourrait en dire autant
du lapin, à cette différence près qu'avec sa chair
on fait du poisson, tandis qu'avec celle du thon,
on fait du veau.

La vieille comtesse de Chistré, une sainte et
très respectable dame du reste, observait rigou-
reusement les jours de jeûne. Tous les vendredis,
son cuisinier ne manquait jamais de servir à sa
maîtresse une excellentissime omelette au thon
de lapin dont il se disait l'inventeur. Un beau
jour, un os révélateur, tomba sous une des dents

à pivot de la comtesse. L'osanore Désirabodes se déplaça et sortit de son alvéole. La femme de chambre qui, comme sa maîtresse, n'éprouvait pas encore l'impérieux besoin de faire pénitence et en voulait au curé qui était cause qu'on l'obligeait d'aller à la messe tous les matins, vendit la mèche et raconta que le chef faisait le thon avec du lapin. Ce n'était pas l'affaire de M. le curé qui venait au château faire maigre tous les vendredis ; aussi fit-il renvoyer la soubrette pour avoir eu la langue trop longue.

Voici ma recette ; les libres-penseurs et les cléricaux en feront ce qu'ils voudront.

Enlevez à une demi-douzaine de bons lapins toutes les parties charnues, le plus que vous pourrez en obtenir. Faites un bon court-bouillon dans une poissonnière ou une grande casserole, ainsi composé : pour la chair de six lapins, une bouteille de vin blanc ordinaire, une bouteille d'eau, un morceau de sucre gros comme un œuf ; jetez dedans force épices, sel, gros poivre, laurier, bouquet de persil, clous de girofle et trois harengs ou autres poissons de mer. Faites bien cuire vos morceaux de lapin dans ce court-bouillon ; dès qu'ils seront à point, — goûtez pour vous en assurer, — versez le tout dans un vase en terre ; laissez infuser 48 heures, puis retirez de la saumure vos morceaux de lapin que vous aurez le soin de dégager de la gélatine dont ils seront

entourés; plongez-les dans un bocal rempli de très bonne huile d'olive.

J'ai emporté à Constantinople une petite bar-rique de thon ainsi préparé ; le chargé d'affaires d'Italie, le baron T.... à qui j'en ai fait manger, m'a déclaré qu'il préférait ce thon au véritable thon de poisson. Notez que cet honorable diplo-mate est un des tableaux vivants de la galerie des gourmets les plus renommés de son pays.

Maintenant que notre lapin, nouveau Protée, s'est fait poisson, nous allons le manger comme tel, une fois de plus en caisse. Personne ne s'en plaindra j'espère.

Foncez une caisse en papier avec des morceaux minces de thon, avec des fines herbes, parez et mettez la caisse dans une tourtière. Faites cuire prestement entre deux feux vifs et servez.

ESCALOPES DE LAPEREAUX

Prenez deux lapereaux, dépouillez-les, levez-en les filets, prenez la chair et les cuisses, ôtez les filets mignons et les rognons, supprimez les nerfs et les peaux de ces chairs, coupez en petits mor-ceaux d'égale grosseur, aplatissez-les avec le manche de votre couteau que vous tremperez dans de l'eau ; parez-les. Faites fondre du beurre *bien frais* dans une sauteuse, arrangez-y vos

escalopes les unes après les autres ; saupoudrez-
les légèrement d'un peu de sel et de gros poivre ;
mettez dessus un peu de beurre fondu, couvrez-
les d'un rond de papier et laissez-les ainsi, jusqu'au moment de servir. Coupez vos carcasses
de lapereaux par morceaux, mettez-les dans une
petite marmite, avec une carotte, deux oignons
dont un piqué d'un clou de girofle, un bouquet
de persil et de ciboule, une feuille de laurier, une
lame de jambon et quelques débris de veau,
mouillez tout cela avec du consommé, faites-le
bouillir, écumez et faites cuire environ une heure.
Dégraissez ce consommé et passez-le au tamis.
Faites-le réduire aux trois quarts, ajoutez deux
cuillerées à dégraisser d'espagnole réduite. Faites
revenir de nouveau votre sauce en la travaillant,
à consistance d'une demi-glace ; au moment de
servir, sautez vos escalopes, faites-les raidir des
deux côtés ; égoutez-en le beurre en conservant
leur jus ; mettez-les dans votre sauce, sautez-les ;
dressez-les dans un plat et servez.

Vous pouvez, dans la saison, couper des truffes
en liards, les passer dans du *beurre bien frais,*
les égoutter et, au moment de servir, les sauter
avec vos escalopes.

Je tiens cette recette, avec d'autres encore,
d'Alexandre Dumas, que j'ai eu l'honneur de
recevoir plus d'une fois à ma table. Personne
mieux que cet illustre écrivain n'avait l'entente

de la table; personne ne comprenait mieux l'alimentation nécessaire aux créatures d'élite. « Je veux, me disait-il un jour, clore mon œuvre littéraire de cinq cents volumes par un livre de cuisine.»

Rien de plus parfait que ces préparations culinaires; on verra que toutes sont toujours rehaussées par cette délicatesse du goût, par cette originalité si remarquable qui a été constamment l'apanage de cette puissante nature qui caractérisait Alexandre Dumas à un si haut degré.

L'espagnole ou sauce brune, se fait ainsi : mettez dans une casserole cent vingt-deux grammes de beurre frais; ajoutez quand il est fondu, cinq cuillerées à bouche de farine, tournez avec une cuiller de bois jusqu'à ce que le mélange devienne marron clair; laissez un peu refroidir, mouillez avec du bon bouillon presque bouillant. Laissez votre casserole sur l'angle du fourneau pendant une heure, en enlevant la graisse et l'écume dès qu'elle se forme. Quand elle sera suffisamment réduite et clarifiée, avec une cuiller à ragoût vous enlevez la sauce et la laissez retomber à plusieurs reprises pour l'empêcher de s'attacher au fond ou de s'enlever au-dessus des bords; vous remuez jusqu'à ce que la sauce soit bien liée sans être trop épaisse; passez alors à l'étamine et remuez encore jusqu'à ce qu'elle soit à moitié froide, puis mettez au-dessus quelques petits morceaux de beurre pour empêcher qu'il ne se forme une peau lorsqu'elle refroidira.

Cette sauce peut se garder six à huit jours.

COTELETTES DE LAPIN A LA RIFFAUDIÈRE

M. de la Riffaudière a été un des cinq ou six premiers fondateurs du Jockey-Club, devenu la société hippique la plus brillante de toute l'Europe par le nombre et la distinction de ses membres. Joyeux convive, plein d'esprit et de verve, ses amis d'alors l'appelaient le père Larifla. Il ne faudrait être qu'entre hommes pour raconter ses paris, qui dépassent tout ce que la jeunesse d'aujourd'hui imagine de plus excentrique. Sur ses vieux jours, de la Riffaudière s'était retiré aux Vives-Eaux, joli château admirablement situé sur les bords de la Seine à trois kilomètres de Melun.

Là, payant son brillant passé par de fréquentes attaques de goutte, le père Larifla savait concentrer tout son bonheur dans le plaisir d'offrir d'excellents dîners à ses nombreux amis et à visiter ses serres où il entretenait à grands frais une riche collection des plantes tropicales les plus belles et les plus rares. J'étais son voisin de campagne. La Riffaudière m'en eût voulu de ne pas venir lui demander à diner, deux ou trois fois par semaine. Un jour que je lui avais envoyé une demi-douzaine de beaux lapereaux, il me remercia, mais en me disant qu'il avait fort peu d'estime pour ce gibier.

Piqué au vif, je résolus de le guérir de ce malheureux esprit de prévention. Pour cela, j'allai à la cuisine, et, dans un moment d'inspiration heureuse que j'attribue aux exhalaisons des mets exquis en ce moment en voie de confection sur les fourneaux étincelants gouvernés par un chef habile, j'écrivis d'un trait, au crayon, la recette suivante, que je recommandai tout particulièrement au cuisinier :

« Lorsque vous aurez dépouillé vos lapins, mettez de côté les têtes, les épaules et les coffres. Prenez les râbles et les cuisses ; couvrez-les avec un mélange de jaunes d'œufs, de sel, poivre, persil, échalotes et champignons bien hachés ; ajoutez un peu de beurre et de lard gratté ; roulez chaque morceau dans de la mie de pain à passer ; faites cuire à feu doux sur un gril, et si vous avez un four de campagne, à deux feux.

« Il va sans dire que les morceaux de lapin sont aplatis et taillés pour leur donner la forme voulue. »

« Faites ainsi votre sauce :

« Mettez dans une casserole vos débris de lapin ; noyez-les dans deux verres de consommé ou de bon bouillon ; assaisonnez avec poivre, sel, échalotes, bouquet de persil, estragon, une pincée de poudre des quatre épices. Faites bouillir à feu ardent jusqu'à réduction convenable, retirez du feu, et jetez-y gros comme une noix de *beurre bien frais*, roulé dans de la farine ; passez votre sauce au tamis, ajoutez-y un jus de citron avec deux cornichons et des fines herbes hachées très menu. Lorsque vos côtelettes sont cuites, enfoncez dans chaque morceau un os de cuisse bien propre que vous ornementez d'un papier frisé ; rangez-les en couronne sur le plat, versez votre sauce dessus. »

Après le dîner, le lapin comptait un ami de plus. Pour conserver le souvenir de sa conversion, M. de la Riffaudière voulut bien me permettre de donner son nom à mon œuvre culinaire qui l'a rendu immortel, tandis que moi, très probablement, je resterai ignoré toute ma vie.

LAPIN EN CHAUSSON

A nos fréquents rendez-vous avec les gardes de la forêt de Compiègne, j'avais souvent remarqué que l'un deux, le père Beaulieu, tirait de sa carnassière, dans les haltes pour déjeuner, comme un petit pâté en croûte. Ce n'était pas autre chose qu'un râble entier de lapin enveloppé de pâte et cuit au four.

Disons en passant, que ce vieux serviteur n'a

jamais voulu se servir d'un fusil à percussion alors adopté par tous ses camarades et qu'il a toute sa vie conservé son fusil à pierre avec lequel. du reste, il tuait admirablement les lapins. Mais quand il en voyait un au gîte, il ne manquait jamais de lui couper le bout du nez. Il prétendait qu'un lapin ainsi *mouché*, — c'était son mot, — perdait tout son sang, que conséquemment la chair était plus blanche et bien supérieure à celle des lapins criblés de plomb ou pris à l'assommoir.

Le procédé a fait école dans les forêts de la couronne.

Voici la recette que je tiens de maître Baulieu.

Prenez les meilleures parties d'un bon lapin ; parez-les ; enveloppez-les de bardes de lard avec sel, poivre, fines herbes, auxquels vous ajoutez de la pimprenelle ; enveloppez chaque morceau dans une pâte ferme, de l'épaisseur d'un demi-doigt ; soudez les bords de la pâte en les mouillant un peu, mettez au four et faites cuire comme un chausson de pomme.

Si l'on veut des morceaux sans os, on peut lever les filets et les chairs qu'on met par couches entrelardées de bon lard mince et en bardes.

Je saisis cette occasion pour recommander instamment de ne jamais briser un os, soit avec le couteau, soit avec le couperet. Toutes les parties mangeables doivent être désarticulées sans rien briser afin d'éviter les esquilles dangereuses pour la gorge et les gencives.

J'offris un jour pour rôti deux bécasses à Alexandre Dumas. Croyant bien faire, je les fis farcir avec des estomacs d'alouettes.

J'attendais des compliments du gourmet, le cuisinier m'adressa des reproches.

— Souvenez-vous, me dit-il, que chaque espèce de gibier a son fumet qui lui est propre et qu'il faut savoir lui conserver. Au naturel, vos bécasses eussent été excellentes; farcies, vous en avez fait de bons pigeons. Je ne fais d'exception que pour le lapereau dont la chair a besoin d'être relevée. Aussi, lorsque vous faites rôtir un lapin, n'oubliez pas de lui mettre dans le ventre quelques feuilles de prunier de Sainte-Lucie, ou un bouquet de mélilot qu'on trouve dans toutes les prairies sèches. Ces plantes ajoutent beaucoup de fumet à votre gibier qui en manque. —

J'ai eu maintes occasions depuis de reconnaître la justesse de l'observation du grand et savant *gastrosophe*.

Le mérite d'un rôti de lapin dépend beaucoup plus de la qualité de l'animal que de la manière de le faire rôtir, qui est tout ce qu'il y a de plus simple. Quand vous avez dépouillé vos lapereaux ou votre lapin, que vous les avez vidés en leur laissant le foie, que vous les avez fait refaire sur de la braise, que vous les avez piqués de menu lard sur le dos et les cuisses, que vous les avez mis à la broche, que vous les avez fréquemment arrosés, tout est fini ; il ne vous reste plus qu'à préparer une bonne sauce piquante absolument indispensable à un rôti de lapin.

Je connais des amateurs qui, avant de le mettre à la broche, frottent leur lapin d'une forte moutarde, le piquent et l'entourent de plaques de lard très minces.

Je donne cette recette sous toutes réserves ; je ne l'ai pas expérimentée.

N. B. — Un bon lapereau aux trois quarts de sa grosseur, mouché ou pris à la bourse, bien bardé de feuilles de lard, et mis à la broche après avoir été farci avec le foie haché menu, du lard gratté, un peu de mie de pain, poivre, sel et une quinzaine de châtaignes grillées, est un rôti de famille que mes amis invités à la fortune du pot, ont toujours accueilli avec une satisfaction très accentuée.

Ne pas oublier de coudre le ventre du lapin.

LE LAPIN DE ROSA BONHEUR

Une femme d'esprit et de plus, peintre d'infiniment de talent, Rosa Bonheur enfin, s'était fixée à Bry dans le voisinage de Fontainebleau où, un jour, elle fut surprise par l'Impératrice Eugénie qui l'autorisa à chasser dans la forêt.

Mon excellent et spirituel ami que je ne cesserai de regretter, M. Rollet, alors secrétaire général de la vénerie impériale, fut chargé d'envoyer à l'artiste, une permission de chasse en règle.

A sa première sortie, vêtue d'un coquet costume de chasseur qu'elle portait à ravir, Rosa Bonheur tua son premier lapin. Un instant après, le garde qui l'accompagnait lui montra un autre gîte.

— Je le vois ! Oh ! comme il me regarde de ses deux jolis yeux noirs ! Comme il paraît heureux dans son petit berceau ! Non, non, je ne veux pas le tuer, ce serait un crime, un atroce assassinat ! Et lui faisant un signe d'adieu de sa gracieuse main, la charmante femme s'éloigna, au grand désenchantement du garde.

Rollet ayant appris que Rosa Bonheur avait tué un lapin, lui envoya la recette suivante dans un quatrain spirituellement tourné. Je le remets en prose, pour ne pas estropier les vers dont je ne me souviens plus bien.

Le peintre ne voulant pas être en retard avec le poète, riposta en lui faisant remettre le délicieux portrait de ce même lapin auquel elle avait fait grâce.

Voyons maintenant la recette :

« Fendez un lapereau dans toute sa longueur, aplatissez-le bien ; enveloppez de papier beurré,

, et mettez sur le gril. Quand il est cuit, débattez-le, servez sur du beurre d'anchoix ou du beurre manié de fines herbes et de laurier-sauce.»

De ces deux souvenirs, l'un s'adresse à l'esprit et l'autre à l'estomac. Lequel des deux restera ? Je ne saurais le dire, mais si j'osais, je parierais que c'est le ventre qui sera le moins oublieux.

POTAGE AU VIEUX LAPIN

Au temps du roi Louis-Philippe, on avait eu l'heureuse idée d'attacher au personnel forestier un médecin qui était rétribué au moyen d'une faible retenue sur le traitement des gardes.

A Compiègne, nous avions pour nous soigner le docteur Vannaque qui avait, je suis heureux d'avoir à le dire ici, pour tous ces employés, hommes, femmes et enfants, une touchante sollicitude pleine de désintéressement.

Comme tout ce monde-là était logé en forêt, conséquemment loin de la ville et du pharmacien, le bon docteur, avec le temps, en y mettant du sien souvent, était arrivé à placer, dans tous les postes forestiers, les médicaments les plus urgents au début d'une maladie ou en cas d'accident. Il avait, en même temps, appris aux gardes à connaître les plantes utiles qui se trouvent sous leur main et dans leur jardin.

Mais presque toujours, c'est la viande de boucherie qui faisait défaut. Vannaque y suppléa avec la chair du lapin dont les gardes manquaient rarement. C'est de lui que tous nos gardes ont appris à se faire de ce gibier un excellent bouillon très sain, qui ne le cède en rien au bouillon de poulet.

Potage du garde au lapin

Prenez un vase en terre, mettez-y un vieux lapin noyé dans deux litres d'eau froide ; placez le tout devant un feu doux ; évitez l'ébullition tant que toute l'écume n'a pas été enlevée. Lorsque ce moment est arrivé, et que le bouillon est bien clair, jetez dans le pot les légumes dont vous disposez. Faites bouillir très doucement cinq à six heures. Retirez le lapin bien égoutté et mangez-le en guise de bœuf.

POTAGE RICHE ET D'AMATEUR

Un vase en terre, deux livres de bonne viande, trois litres d'eau froide, deux cents grammes de petit-salé, une demi-livre de poitrine de mouton, le tout mis à un feu doux ; évitez l'ébullition, tant que l'écume ne sera pas enlevée. Lorque votre bouillon est bien clair, jetez dans le pot, sel, carottes, navets, panais, un peu de céleri, une

feuille de laurier, deux clous de girofle, une pointe
d'ail, un oignon brûlé et un morceau de sucre
gros comme la moitié d'un œuf. Faites bouillir
tout doucement durant six à sept heures. Il faut
mettre le lapin roulé et ficelé en même temps que
les légumes.

Au moment de servir, passez au tamis, versez
le bouillon sur les croûtons dans la soupière,
retirez le lapin, mettez-le bien égoutter sur le gril,
dix minutes environ avec le morceau de poitrine
de mouton ; servez à part sur un plat chaud et
versez sur le lapin une sauce maître-d'hôtel, avec
pointe de vinaigre ou jus de citron. On peut se
dispenser de cette sauce et servir le lapin tout
simplement au gros sel ; chaud ou froid, cela
constitue un excellent bouilli.

Toutes les fois que mes amis ont fait chez moi
connaissance avec ce potage, ils n'ont jamais
manqué, en rentrant chez eux, de faire une scène
violente de reproches à leur cuisinière.

COQUILLES DE CERVELLES DE LAPIN

Une charmante femme, d'infiniment d'esprit,
un peu gourmande, ce qui est loin de nuire à sa
beauté d'origine anglaise, Mme Mary O...., m'a
tout récemment rapporté d'Ecosse la délicieuse
recette qui suit, et qu'on croirait plutôt sortie du
cerveau d'un nouveau Brillat-Savarin.

En post-scriptum, ma gracieuse correspondante me dit que ses coquilles constituent un mets d'é-goïste au premier chef, de tête-à-tête, et qui perdrait tout son charme servi à plus de deux convives.

Faites blanchir les cervelles de huit vieux lapins, en les laissant deux minutes dans de l'eau bouil-lante ; assaisonnez-les ensuite avec du sel et du poivre, mêlez-y une échalote, des truffes et du persil hachés ensemble ; faites sauter le tout un moment pour répandre l'assaisonnement ; arrosez avec de l'huile, ou bien mettez-y un peu de lard râpé ou de beurre ; ajoutez un peu de jus de citron, après quoi vous remplirez les deux coquilles frottées à l'intérieur avec du beurre et un peu d'anchois ; mettez dessus de la râpure de pain et faites griller à l'ordinaire.

Expérimentez, et vous me direz ce que vous pensez des *coquilles à la Mary*.

SALADE DE LAPIN A LA TIGERY

Nous sommes tous d'accord : le perdreau devient de plus en plus rare, tandis que le lapin augmente tous les jours et apparaît de plus en plus nom-breux sur nos marchés. Ce n'est pas un mal assurément, ce qui ne veut pas dire pour cela que, par le prix relativement peu élevé qu'on le paie et les qualités de sa chair, il puisse être comparé au précieux gibier de plume dont nous déplorons la perte. Voici un cas cependant où des filets de lapereaux ont succédé à des perdreaux avec un succès très accentué sur une table devant laquelle étaient assis des juges compétents et de distinction.

Le château de Tigery est une création récente ; la chasse sur les terres qui l'avoisinent y est fort belle, peut-être aujourd'hui une des plus giboyeuses de France.

Durant les premiers jours après l'ouverture, malgré les volumineuses bourriches emportées par les invités, il restait encore au garde-manger une très notable surabondance de perdreaux.

Digne interprète de ses parents toujours pleins d'attentions et de prévenances pour leurs hôtes, M. Charles B.... fait les honneurs de Tigery avec infiniment de tact et une courtoisie parfaite. Sachant en sa qualité d'ancien diplomate, qu'un bon dîner offert à propos peut devenir la cause d'un succès diplomatique ou autre, qu'un rôti de distinction a décidé plus d'une fois du sort d'une province, M. Charles B.... ne dédaigne pas de descendre dans les cuisines pour conférer avec le chef sur le menu du jour et fixer la composition d'un mets nouveau.

— J'ai encore beaucoup de perdreaux, lui disait un jour le maître queux, j'en donne à tous les repas et sous toutes les formes, je crains néanmoins qu'on ne s'en fatigue.

— C'est ce qu'il faut éviter ; pour cela, faites rôtir quinze perdreaux, levez-en les estomacs quand ils seront refroidis, et faites-en une salade bien assaisonnée, sans exagération cependant à cause des dames.

La salade fut très applaudie, et, comme une bonne pièce aux Variétés, fréquemment redemandée.

Malheureusement le goût et les préférences pour l'œuvre de l'auteur grandirent en raison inverse du nombre des perdreaux qui diminua tous les jours.

La situation devenait de plus en plus grave ; M. Charles B.... faisant un nouvel appel à son imagination, se tira d'affaire en substituant aux trente estomacs de perdreaux, des filets de lapins rôtis découpés en lames.

A ce moment encore, plusieurs fourchettes intelligentes mais timides sont hésitantes ; mais je suis certain qu'elles se prononceraient en faveur de la salade au lapin, si elles avaient quelque peu le courage de leur opinion.

Je n'ai plus qu'à transcrire ici la recette de cette salade que je tiens de M. Charles B.... qui a bien voulu me l'écrire de sa propre main.

Faites rôtir plusieurs lapereaux, levez les filets et les parties les plus charnues des cuisses, découpez-les en lames, parez-les, placez le tout dans un saladier, ajoutez-y des filets d'anchoix, des œufs durs coupés par quartiers, des betteraves, — si c'est la saison, — des cœurs de laitue, des câpres, de la fourniture hachée, sel, poivre, moutarde, huile et vinaigre et retournez le tout ensemble.

Je place ici, comme complément obligé la *Mayonnaise de lapereaux.*

Faites cuire deux lapereaux à la broche, laissez-les refroidir, coupez-les par membres, parez-les proprement, mettez-les et sautez-les dans une mayonnaise, et servez.

LAPIN CUIT DANS SA PEAU

Je reçois à l'instant les lignes suivantes écrites en pattes de mouche, par une ravissante petite main d'enfant à laquelle je me permettrai cependant de reprocher le défaut très grand, d'être par trop paresseuse.

Cher Monsieur,

Je sais que vous écrivez, dans ce moment, un recueil des meilleures recettes pour manger le lapin, votre gibier de prédilection ; en voici une que j'ai recueillie par hasard et dans les conditions les plus pittoresques, comme vous allez voir.

Sachant que de hardis braconniers sortis de Paris s'étaient momentanément fixés dans le pays, nos gardes, pour les prendre, redoublant de zèle, se mettaient en embuscade et passaient presque toutes leurs nuits dehors.

C'était l'autre soir ; nous étions allés, mon mari et moi, au château d'Étioles où notre excellente voisine, Mme de B...., avait invité tout le pays pour fêter le retour de sa chère fille mariée il y a deux ans à un attaché à la légation de France à Stockholm. Les salons étaient pleins ; tout le monde avait voulu s'associer à la joie de la mère et revoir la charmante Marthe.

On joua la comédie ; la jolie Mme de P..., comme toujours fut fort applaudie. Après le souper, on dansa jusqu'au jour. Il était quatre heures lorsque je demandai ma voiture.

Le ciel étoilé était sans voile ; en sortant d'une fournaise, l'air pur et frais que je respirais me faisait un souverain bien. Aussi, pour prolonger ce bien-être, comme les écoliers, je voulus prendre le chemin le plus long en passant par la forêt, avant de rentrer aux Tourelles. A ce moment, un splendide clair de lune argentait, en tons bleuâtres, la cime des hautes futaies ; ses rayons, à travers les halliers, donnaient aux arbres et aux branches, les formes les plus fantastiques et les plus étranges. Je ne me lassais pas d'admirer ce poétique spectacle si nouveau pour moi. Ah ! voyez-vous, cher monsieur, c'est que la lune qui semble éclairer la route des étoiles, où les amants, en pensée, se donnent de singuliers rendez-vous, parle plus doucement à mon âme que le plus beau soleil qui brûle et qui tue.

Ainsi plongée dans mes rêveries, nous arrivâmes au carrefour de la Roche-Noire. Là, j'aperçus, tout à coup, les reflets d'un canon de fusil brillant à la clarté de la lune. La présence des braconniers me revint à l'esprit, j'eus peur..... mais je fus bien vite rassurée en reconnaissant le garde-chef Connétable et deux de ses camarades sur la porte d'une vieille hutte de charbonnier qui leur sert de refuge, et dans laquelle ils avaient fait un bon feu. Mon mari y entra pour allumer son cigare ; je le suivis. Jugez de ma surprise en voyant un des gardes retirer de dessous les cendres, un lapin tout entier cuit dans sa peau. Je voulus y goûter. Connétable en détacha un petit morceau qu'il me présenta au bout de son couteau. C'était tout simplement exquis, et, je vous assure que je ne regrettai en rien mes gants blancs noircis et tachés par le jus du lapin que je dus manger avec mes doigts, sans fourchette, à la façon des musulmans.

Je vous envoie cette recette, nouvelle pour mo du moins, vous en ferez l'usage que vous jugerez convenable ; je sais d'avance que vous saurez en compléter l'assaisonnement avec cet esprit habituel qu'on vous connaît.

Croyez, cher monsieur, etc.

Voici la même recette revue et très augmentée ; je la recommande, avec instance, à tous mes confrères en saint Hubert.

Prenez un lapin qui ait été pris au furet autant que possible afin que la peau ne soit pas perforée, ouvrez le ventre, enlevez adroitement les intestins ; remplissez-les avec de la chair à saucisse, du jambon, si vous en avez, du sel, poivre, laurier et recousez les deux peaux du ventre. Ecartez le brasier d'un grand feu, faites un trou dans les cendres et enterrez-y votre lapin ; replacez le brasier, et, trois quarts d'heure après, déterrez votre lapin qui est tout noir, enlevez la peau par la bande qui se pèle comme une pêche. Cela fait, vous aurez mis à nu une belle chair blanche, très juteuse que vous mangerez avec poivre et sel, sans plus de cérémonie.

LES QUATORZE RECETTES

DU CONSERVATEUR DES FORÊTS DU ROI

J'ai commencé ma carrière dans la forèt de Compiègne, sous les ordres de M. le baron de Harminat, Conservateur des forèts du Roi sous Charles X, titre qui a été changé en celui d'Inspecteur lors de l'avènement au trône des d'Orléans.

Cet homme éminent qui a rendu tant de services à la cause des forêts, qui avait une véritable science de l'art d'élever et d'administrer le gibier, joignait encore à toutes ces qualités celle d'être un aussi spirituel convive que fin gourmet.

Je n'ai pas rencontré une seule fois dans ma vie, une maison où l'on mangeàt le gibier aussi bon et avec autant d'intelligence.

C'est à cette école que je me suis formé.

Mariette, la cuisinière de mon bien-aimé chef, un cordon bleu dans toute l'acception du mot, avait une liste de quatorze recettes pour manger le lapin, toutes perfectionnées ou de l'invention de son maître.

Je les donne ici telles que je les ai copiées sur la table de la cuisine, à l'hôtel des Petites-Écuries.

Lundi. N° I

Lapereaux aux fines herbes. — Après avoir passé au beurre, persil, champignons, échalotes, le tout bien haché, ajoutez les membres de deux lapereaux, avec poivre, sel, muscade râpée, bouquet garni, sautez le tout, mouillez avec un verre de vin blanc, laissez cuire vingt minutes, feu dessus, feu dessous ; saupoudrez d'un peu de farine. ajoutez un morceau de glace de viande, le jus d'un citron, un morceau de bon beurre, dressez et servez.

N° II

Lapereau au gratin. — Coupez par membres un lapereau, foncez une casserole de tranches de veau, bardes de lard, cinq ou six tranches de jambon coupées bien égales ; mettez vos morceaux de lapereaux dessus ; presque pas de sel ; couvrez de bardes de lard et mettez cuire à la braise en y mettant un bouquet garni avec clous de girofle, basilic et laurier. Hachez le foie avec persil, ciboules, champignons, liez avec deux jaunes d'œufs. ajoutez lard râpé, sel et poivre ; mettez de cette farce sur un plat et laissez-le gratiner sur un tout petit feu ; retirez-la ensuite et égouttez-la. Puis le lapereau étant cuit, vous le tirez avec le jambon. vous dégraissez la sauce, la mouillez d'un peu de coulis et de jus ; vous faites prendre un bouillon. Dégraissez et passez au tamis ; dressez les morceaux de lapereau sur la farce, une tranche de jambon entre chaque morceau, vous échauffez le plat sur un fourneau, la sauce par-dessus et servez chaudement.

Mardi. N° III

Lapereau en papillote. — Démembrez un lapereau en supprimant les plus gros os ; maniez les membres avec une pâte de mie de pain rassie, lard râpé, persil, échalotes, sel, poivre, champignons hachés très menus, un peu d'ail suivant le goût. Couvrez chaque morceau d'une petite barde de lard ; enveloppez d'un papier huilé, faites cuire sur un gril à feu doux et servez avec la papillote.

N° IV

Lapereau au gîte. — Farcissez deux lapereaux avec leurs foies, un morceau de beurre, persil, oignons, champignons, le tout bien haché ; ajoutez sel et gros poivre, cousez-les, et troussez les pattes de derrière dessous le ventre, et celles de devant dessous le nez ; mettez des brochettes pour les faire tenir. Faites cuire avec un verre de vin blanc, du bouillon, un bouquet garni, sel et gros poivre. Quand ils sont cuits, passez la sauce au tamis ; dégraissez-la, mettez-y un peu de coulis ; faites réduire au point d'une sauce ; dressez les lapereaux comme s'ils étaient au gîte, servez-les entourés d'une forêt de persil.

Mercredi. N° V

Lapins braisés à la Condé. — Prenez les filets de vos lapins dépouillés des peaux et nerfs ; aplatissez-les bien avec le dos d'un couteau, enveloppez chacun avec des émincés de veau et par-dessus une barde de lard ; ficelez chaque morceau et mettez-le dans une braisière juste de la grandeur du plat et dont le fond aura été couvert de bardes de lard et de veau émincé ; mouillez avec du vin blanc, assaisonnez de sel, poivre et muscade ; au besoin quelques truffes. Faites cuire à très petit feu et longtemps. Servez très chaud.

N° VI

Lapin à la bourgeoise. — Coupez le lapin par membres, passez au beurre avec un bouquet garni, feuille de laurier, champignons, fonds d'artichauts blanchis suivant le goût, un peu de bouillon, verre de vin blanc, sel et poivre ; faire bien réduire la sauce, lier alors avec deux ou trois jaunes d'œufs délayés dans du bouillon, servir, si on l'aime, avec un peu de persil haché.

Jeudi. N° VII

Lapereaux à la Saingarac. — Piquez proprement vos lapereaux et faites-les rôtir ; ayez des tranches de jambon battues, passez-les avec un peu de lard et de farine, mettez-y un bouquet de fines herbes, du bon jus qui ne soit pas salé ; faites cuire le tout ensemble et mettez-y un filet de vinaigre, liez cette sauce avec un peu de coulis et de pain, coupez les lapereaux en quatre, dressez-les sur un plat, jetez la sauce avec les tranches de jambon, dégraissez-la et servez chaudement.

N° VIII

Lapereaux en timbale. — Faites cuire à moitié dans une casserole, deux lapereaux coupés en morceaux, avec beurre, sel, poivre, épices, châtaignes, — les truffes ne seraient pas déplacées — échalotes, persil, champignons hachés, un peu d'aromates pilés ; laissez refroidir ; beurrez un moule ou une casserole; dressez l'intérieur avec de la pâte à dresser; abaissez un morceau de cette pâte; mouillez votre beurre et foncez-en votre moule, prenez des quenelles de lapereaux ou de godiveau dont vous garnissez le fond de votre timbale. Remplissez les vides avec les membres de vos lapereaux, quelques truffes et des champignons. Mouillez les bords de la pâte; couvrez d'une seconde abaisse de pâte; mettez au four une heure et demie; quand le tout sera pris et de bonne couleur, renversez sur un plat couvrez avec un couvercle d'une bonne grandeur, et saucez d'une espagnole réduite.

Vendredi N° IX

Hachis de lapins à la portugaise. — Ayez deux ou trois bons lapins, faites-les cuire à la broche et levez-en les chairs, ôtez les peaux et les nerfs, hachez ces chairs, mettez dans un vase jusqu'au moment de servir; prenez vos carcasses de lapins, concassez-les, mettez-les dans une casserole avec cinq cuillerées à dégraisser d'espagnole, deux de consommé et un verre de vin blanc légèrement sucré — le champagne est préférable; — faites cuire le tout, passez cette farce à l'étamine, faites-la réduire à consistance de demi-glace, mettez-y vos chairs avec un peu de gros poivre et un pain de beurre; liez bien le tout sans le laisser bouillir et dressez votre hachis sur un plat auquel vous aurez fait une bordure avec des petits croûtons de pain frit ; mettez sur votre hachis huit ou neuf œufs pochés et glacés.

N° X

Lapins aux truffes. — Faites cuire des lapins en casserole, comme nous l'avons dit au numéro sept de jeudi, passez les truffes avec un peu de beurre fondu, mouillez de moitié jus de veau, moitié essence de jambon ; laissez-les mitonner un quart d'heure ; dégraissez-les et liez d'un coulis, retirez ensuite vos lapins, égouttez-les, mettez-les dans le ragoût de truffes, dressez-les, jetez le ragoût par-dessus et servez pour entrée.

Samedi. N° XI

Lapereaux en fricassée de poulet. — Ayez deux lapereaux bien tendres, coupez-les en morceaux, essuyez-en le sang, mettez-les dans une casserole avec de l'eau, quelques oignons, une feuille de laurier, du persil en branche, quelques ciboules et un peu de sel ; faites-leur jeter un bouillon, égouttez-les, essuyez-les et parez-les de nouveau mettez-les dans une autre casserole avec un morceau de beurre, sautez-les, saupoudrez-les légèrement de farine, mouillez-les avec l'eau dans laquelle ils ont blanchi, en ayant le soin de les remuer pour que la farine ne fasse point de grumeaux; faites-les bouillir mettez des champignons, des mousserons et des morilles, laissez cuire, faites réduire la sauce convenablement : votre ragòut cuit, liez-les avec quatre jaunes d'œufs délayés, soit avec un peu de lait, soit avec de la crème ou un peu de la sauce refroidie, et finissez-les en y mettant un jus de citron, un filet de verjus, ou bien encore un filet de vinaigre blanc et servez.

Nº XII

Gibelotte nouvelle. — Coupez par tronçons votre lapin, faites un roux, passez-y le lapin avec addition de petits oignons et de champignons ; quand tout est bien revenu ; mouillez de vin blanc, ajoutez quantité double de bouillon, assaisonnez avec sel, thym, poivre, un peu d'échalote, puis otez les oignons. Faites cuire à grand feu jusqu'à réduction de la sauce de deux tiers, remettez les oignons, achevez la cuisson à feu doux, dégraissez et servez. Quelques croûtons et surtout quelques fonds d'artichauts ajoutent à la bonté du plat.

Gibelotte à l'ancienne mode. — Coupez un lapin par morceaux et une moyenne anguille en tronçons; quand ils seront d'une belle couleur café au lait, faites-y revenir alors des champignons et des petits oignons. Quand le tout sera bien revenu,

mouillez avec un tiers de vin blanc, deux tiers de
bouillon; assaisonnez de sel, de persil, de ciboules et
de thym; ôtez les tronçons d'anguille et les oignons,
finissez à feu doux, dégraissez et servez.

Dimanche. N° XIII

Lapin sauté à la Compiègne. — Coupez votre
lapin en morceaux égaux en grosseur : ayez de
bon jambon coupé en dés, passez le tout au beurre
à feu vif dans un plat à sauter, avec oignons coupés
en dés, une bonne gousse d'ail bien écrasée, un
bouquet garni, du persil et de la ciboule hachés ;
saupoudrez de farine, laissez-le prendre couleur :
mouillez de vin blanc et de bouillon ; ajoutez une
petite cuillerée d'essence de champignons; laissez
cuire un instant ; servez en enlevant le bouquet.

N° XIV

Lapereaux aux petits pois. — Faites un petit
roux ; coupez vos lapereaux par membres ; votre
roux étant bien blond, passez-les dedans, ajoutez-y
quelques dés de jambon et mouillez le tout avec
du bouillon ; faites que votre roux soit bien délayé,
mettez-y un bouquet de persil et ciboules garni
d'un clou de girofle, d'une feuille de laurier et d'une
demi-gousse d'ail. Lorsque votre lapin sera en
train de bouillir, mettez-y un litre de petits pois

et faites cuire le tout que vous assaisonnerez de sel en suffisante quantité ; quand votre ragoût sera bien réduit, supprimez-en le bouquet et servez.

Ces quatorze recettes étaient exécutées avec un soin infini par Mariette, qui eût été inconsolable de manquer un plat. Mais, je le répète, c'était surtout dans la préparation du gibier fin que son maître en avait fait une véritable merveille.

Gentilhomme jusqu'au bout des ongles et sur qui la fréquentation à la cour avait déteint, homme du monde et inépuisable conteur, M. de Larminat n'en était que plus peut-être homme de famille et d'intérieur. Aussi n'invitait-il guère à sa table que les officiers forestiers placés sous ses ordres et ses amis les plus intimes.

Ceux-ci, un soir, après le dîner, dans un moment de béatitude, se concertèrent pour offrir à Mariette une casserole d'argent qu'ils lui suspendirent au cou au moyen d'un large cordon bleu.

Que de décorations je pourrais citer qui sont, certes, plus mal placées que celle- là !

Voici mes quatre dernières recettes ; ça fait trente et une, c'est-à-dire une par jour. Les disciples de saint Hubert verront avec plaisir, j'espère, que les lapins ainsi préparés, peuvent s'emporter facilement à la chasse :

Terrine de lapin. — Dépouillez un ou deux

lapins, ôtez les peaux et les nerfs, levez les filets et les chairs des cuisses, piquez d'un moyen lard bien assaisonné, mettez deux ou trois .bardes de lard au fond d'une terrine, et quelques tranches de jambon, assaisonnez de sel, poivre, fines épices, arrangez les morceaux de lapin dans la terrine et assaisonnez dessus comme dessous, ajoutez des champignons et des truffes si vous en avez, couvrez le tout de tranches de bœuf bien battues avec des bardes de lard, couvrez la terrine de son couvercle, mettez de la pâte autour et faites cuire feu dessus et dessous, sans que le feu soit trop vif. Le tout étant cuit, vous découvrez la terrine, vous ôtez les tranches de bœuf et de lard, dégraissez la sauce, voyez si elle est de bon goût, jetez dedans une essence de jambon et laissez refroidir.

Vieux lapin en daube. — Piquez deux ou trois râbles de lapins de gros lardons assaisonnés de persil, ciboules, épices, sel, poivre ; mettez-les dans une daubière foncée de lard avec bouillon, deux cuillerées d'eau-de-vie, la moitié d'un pied de veau, une couenne de lard, oignons, carottes, bouquet garni, clous de girofle, ail, laurier, thym ; couvrez bien la daubière de son couvercle, laissez cuire à feu doux pendant deux heures en ayant le soin de retourner vos râblites. A moitié cuisson, retirez, laissez refroidir et épaissir la sauce jusqu'à consistance de gelée ; enlevez la graisse et servez froid, gelée autour.

Fricassée de lapereaux dans un pain. — Prenez un pain frais, plein et épais, de 15 à 20 centimètres de diamètre..Enlevez en rond la croûte de dessus; creusez le pain en ôtant la mie ; beurrez bien tout l'intérieur, mettez ce pain un instant au four ou sur le gril afin que le beurre pénètre dans la croûte.

Au moment de partir pour la chasse, versez chaud dans votre pain, le ragoût n° XI des quatorze recettes du baron de Larminat, et remettez le couvercle.

Conserve de lapereaux. — Prenez les parties les plus charnues de plusieurs lapereaux ; piquez de lard, de jambon crû et de langue à l'écarlate ; assaisonnez de sel, poivre et épices ; roulez votre viande comme un saucisson et ficelez. Mettez cuire une heure dans une casserole, feu dessus et dessous, avec du sel, poivre, ail, laurier, thym, de la bonne huile d'olive ; égouttez et laissez refroidir ; mettez dans des pots de fayence avec de l'huile et gardez ces conserves tant que vous voudrez.

Je ne crois pas pouvoir couronner plus dignement mon œuvre gastrophilanthropique, qu'en racontant l'histoire de la fameuse recette pour langues de lapins, inventée sous mes yeux et dont j'ai été le premier à faire l'essai.

Ce mémorable événement s'est accompli à Compiègne, à l'hôtel de la Cloche où je dînais tous les jours. M. Vuillemot en était alors le chef de cuisine et le propriétaire, en même temps que l'ami et le collaborateur d'Alexandre Dumas.

C'est en 1854 qu'eut lieu le glorieux épisode des langues de lapin ; voici dans quels termes Vuillemot l'a raconté à l'illustre écrivain.

Cher et illustre maître.

« Vous voulez des renseignements précis sur le nouveau mets dont vous entendez parler et dont l'étrangeté pique votre curiosité. C'est une recette et une anecdote, je vous envoie l'une et l'autre.

D'abord la recette :

RECETTE POUR LANGUES DE LAPINS DE GARENNE

« Prenez soixante langues de lapin pour six personnes. Vous me direz : Où prendre soixante lapins pour en tirer les langues ? Le fait ci-dessous vous prouvera, cher maître que l'on peut se les procurer. Je dis donc, prenez soixante langues de lapin, blanchissez-les, rafraîchissez-les, enlevez la peau de dessus ; faites une bonne mirepoix, ajoutez-y vos langues ; mouillez avec une cuillère à pot de bon consommé, un verre de madère, un demi-verre de vin blanc. Couvrez le tout d'un papier beurré et braisez-les ; ajoutez à la cuisson quatre belles truffes ; une demi-heure après, dès qu'elles sont cuites, passez le fond, ajoutez un peu de bonne espagnole, réduisez votre sauce à demi-glace, passez-la à l'étamine ; ajoutez à votre sauce vos langues parées ; coupez les truffes en forme de langues, des champignons, des quenelles de volaille, même forme : un jus de citron. Mettez au bain-marie ; faites une caisse en papier, huilez-la, faites-la sécher, et dressez votre ragoût dedans.

« Voici maintenant en quelles circonstances cette recette reçut une éclatante exécution :

« En 1854, à l'hôtel de la Cloche que je tenais à cette époque, j'étais adjudicataire des lapins de la forêt de Compiègne, et tous les jours on détruisait les lapins que j'envoyais à la Vallée.

« Le prince Edgard Ney, M. le marquis de Toulongeon, le général Fleury, M. le baron Lambert se trouvaient à mon hôtel. Il me prit l'idée de leur faire une surprise pour leur dîner, pensant bien que les acheteurs de lapins ne regardaient pas dans le bec du lapin s'il possédait une langue ou non. Je coupai quatre cents langues sur huit cents que j'avais et je me livrai à la préparation culinaire ci-dessus formulée, en ayant le soin de faire une caisse fermée comme surprise.

« J'avais proposé à ces messieurs que si l'un d'eux trouvait le moyen d'ouvrir la caisse sans déchirer le papier et devinait ce qui composait le mets, il gagnerait un pâté de faisan truffé.

« M. le marquis de Toulongeon devina le contenu et ouvrit la caisse.

« Le pâté promis lui fut envoyé à son hôtel. »

Veuillez agréer, cher et illustre maître, etc., etc.

VUILLEMOT.

J'entends des confrères s'écrier qu'ils ne comprennent pas comment un homme sérieux et de mon âge, a pu se laisser aller à écrire sur un sujet aussi futile que peu digne, etc., etc.

Ces reproches ne sauraient en rien m'atteindre par la raison fort simple qu'ils partent non pas d'esprits convaincus, mais de mauvais estomacs digérant mal.

Or donc, je vous en avertis :

De vos malicieux propos,
Il n'entrera dans mes oreilles
Pas plus..... que d'eau dans mes bouteilles,
Ou que de sel dans vos bons mots.

FIN.

TABLE DES MATIÈRES